*Reclamar o direito
de dizer tudo*

*Reclamar o direito
de dizer tudo*

JULIETA MARCHANT

Reclamar o direito de dizer tudo

JULIETA MARCHANT

tradução de
ELLEN MARIA VASCONCELLOS

A Funes

A Flora

*Em sua torre com vista para o rio Neckar,
Hölderlin tinha um piano que às vezes tocava
tão forte que quebrava as teclas.* Mas houve dias
tranquilos nos quais ele só tocava e pendia a cabeça
para trás enquanto cantava. As pessoas que o
ouviram diziam que não era possível identificar,
por mais que escutassem, que língua era.

Anne Carson

Alguém disse: "Como reconstruir a memória sobre o que já não se pode lembrar?, como ouvir isso que se apresenta como impossível de ser ouvido?", e eu anoto como se fossem poemas esperando para serem escritos:

Uma menina tece uma cesta
abraça seu nome na margem de um rio
imita com os dedos a língua materna.
Desaparece uma língua.

Pensar em se apagar detrás das palavras. Pensar em
aprender a morrer. Pensar na morte presente em
cada palavra, na fala que torna definitiva a morte.

A voz daquela que já não está
ainda que seu modo de nomear
não desapareça.
A primeira nota de um violino
o arco que ingressa ao corpo e o derruba.
As marteladas das costas de uma cama
contra a parede.

Ler vibrando a data que atravessa todo o poema.
Ler que "eu" nomeia algo que morre, que um nome
é sempre um nome de um morto. Ler ameaçado
pela destruição. Ler: pode ferir uma língua? Ler
como quem faz uma marca e uma fresta. Ler, estender uma mão.

Cada casa reverbera à sua maneira. Cada corpo — cavidade sonora, coluna de ar — se inquieta. Seu nome se cala no ouvido. Perfura, e eu não termino de compreender sua inclemência.

Quando uma língua se apaga
um mundo se envaidece
as coisas se medem
por seu estado de elevação.
Quando uma língua se queima
os nomes se afrouxam nas bocas.
As bocas suspendem os ouvidos.
Os ouvidos guardam silêncio.
Desaparece uma língua.

O pranto de minha mãe no quarto ao lado.
O corpo como espaço acústico.
Você quando dorme murmura meu nome
por acaso isso foi amor?
A voz de minha psicanalista procurando a si mesma.
Minha mãe gritando o nome de sua mãe
eu amando o nome da minha.
Dizer um nome próprio à espera de um impulso.

Arruinar a combustão que faz com que as palavras ascendam. Arruinar a poesia como vitória diante da gravidade. Arruinar a posição que é o poema. Arruinar o eu.

Ser um ouriço entre ouriços.
Se encolher diante do contato com o lobo
que habita cada corpo.
Desaparece uma língua.

Sentada no jardim, vejo minha mãe. O zumbido das abelhas, o vento embala o pé de laranja, o cauteloso miado do gato. As pegadas de minha mãe na grama, o barulho de cada favo perfurado da colmeia. "A abelha rainha não está", diz minha mãe. Em poucos dias, os zumbidos soarão em outro jardim. Toda a ordem depende dela que, estreita e marcada com um alvo branco, decidiu partir. Encantada por outros rumores, ela, que é um deles, se reserva. O gato repousa emudecido em uma ilha de ervas daninhas. Minha mãe sabe da dor, sabe ouvi-lo mesmo que nada diga. Ela pode ser abelha, ela pode ser minha mãe.

Ouvir a leitura do mundo como se leem as estrelas.
Ouvir a renúncia a pensar por querer pensar tudo.
Ouvir que alguém acorda em frente à história.
Ouvir a linguagem das coisas antes de que alguém fale na sua vez.

As vogais permanecem
nos animais que amamos
em suas superfícies.
A mão protege o fogo

e se protege do fogo de uma só vez.
A boca afeta a palavra.
Desaparece uma língua.

Ler nas voltas de uma relação amorosa. Ler no atalho, mas sem antecipação. Ler a primazia da voz. Ler a implosão das palavras.

Meu gato que não ronroneava
e que morreu em um digno silêncio.
Ouvir a própria voz
e se apropriar do impróprio.
O rangido dos pés
da cadeira de balanço onde escrevo.
Aquela que geme à morte.

O som da fala atravessa o vivo, mesmo que alguma conversa anônima sempre a interrompa: ela morre, aterrada, em uma cama estreita demais. Ela morre de lado e me pergunto que animais se extinguirão assim. De lado: ou quais de cara para a morte ou de costas, como saber. Arrancaram-lhe a palavra e, no entanto, seu tom retumba na letra. Acaso morrer não é um modo de perder o direito de fala? Escrever: resistir a essa proibição.

Pensar no que impede a imortalidade da alma. Pensar que nosso modo de morrer depende das palavras que usamos. Pensar em escrever com ambas as mãos. Pensar nas razões que falaríamos disso.

Sua palavra favorita — algaravia —
soa tão diferente do que significa.
Um núcleo de abelhas
enxama no corpo de um menino.
Poderei recordar sua voz
se escrevo sobre sua voz na velhice?
Essa maneira que você tem de dizer meu nome.
Um excesso de ternura.

Acumular corpos cobertos com pedras.
Deixar a carne no lugar onde ela decide escurecer.
Custodiar nomes.
Desaparece uma língua.

Ouço minha voz no divã. Meu corpo encostado conserva muito poucas semelhanças com meu corpo vertical. Ela está atrás de mim, a escuto anotando. O vime de onde está sentada estala. É uma velha cadeira de balanço. Me incomoda o vaivém, me sufoca cada ínfimo rangido. O mundo parece uma soma de murmuros que desejo aquietar. Sinto que ela me empurra com as mãos em minhas costas para que eu diga palavras que não quero ouvir, uma

pressão me coage. Meu corpo não deixa de reclamar, sempre, se acomoda e o vime chia. Ouvir a si mesmo quando se chora é tão diferente de ouvir chorar o outro. Com o tempo aprenderemos a desviarmos de nossos próprios lamentos. Quando soluço e me afogo escuto que ela busca em sua bolsa e me estende um pacote de lenços. Qual é o som do amor. Se você pudesse oferecer um som e descrevê-lo, qual seria.

Ler como um escravo ou um ser amado. Ler além do próprio querer dizer. Ler a supremacia do ouvido. Ler o que nenhuma vigilância pode reunir. Ler e se render ao chamado das palavras. Ler e tomar partido.

Seu tom rouco quando me lê um poema em uma manhã.
Como vibram as paredes
quando escuto música ao acordar.
Essa impossibilidade
de fazer qualquer coisa em silêncio.
Articular uma palavra que nunca antes pronunciamos.
O comprimir de uma placa no papel que imprime.
Enviamos canções um para o outro porque não
{sabemos dizer.
Como se chocam os vocábulos entre eles.

Que a boca ouça a pedra
que é o corpo distanciado depois do silêncio.
Dizemos silêncio em uma língua estrangeira.
Dizemos casa.
Desaparece uma língua.

Ela acomoda os óculos na cara e lê. Fala em francês, língua não materna, mas irmã da minha. Não me resisto a incompreensão em absoluto. Meu ouvido se enrijece, se converte em superfície. Por uma fresta caem os sons que reconhece. As palavras buscam sua raiz, se aglomeram em fila em direção à origem. O poema encurrala a língua materna. Escuto como quem se abandona na vibração da música. O ouvido se acopla aos vocábulos que lhe parecem familiares e deixa que implodam os que não reconhece. Afrouxa o corpo esta estranheza estrangeira que não demanda entendimento. Em sua irmandade com minha língua, o francês me oferece palavras soltas que até sem querer o pensamento vincula. Se buscam mesmo que eu tente separá-las, se encontram e se colidem na total escuridão da insignificância. Ganham sentido no sem-sentido, se afetam entre si. Talvez seja isso o poema: uma torrente de palavras que se tropeçam, conformando uma figura por um instante e no outro, retornam ao caos que as fez aparecer. Ela fala e seu idioma lhe exige que cada letra brote do início da garganta. Na opacidade de minha ignorância, a beleza se instala. Ser cativados pela penumbra do que somos incapazes de agarrar. Digo "minha língua" mesmo que nenhuma língua suporte essa confiança.

Ouvir que tudo fala, que o que é preciso fazer é
ouvir. Ouvir o homem nomeando as coisas e reco-
nhecendo-as. Ouvir as coisas que recebem nomes
e que já não são nunca mais nomes.

O golpe de uma tumba que se lacra
e que clausura um corpo.
A condição de toda palavra e de todo silêncio.
Escutar quando eu falo em um idioma estrangeiro
e não me reconhecer.

Pensar que escrever é uma experiência impessoal.
Pensar que há tantas mortes quanto textos já escri-
tos. Pensar em se relacionar com o outro depois do
outro morto. Pensar na prioridade das palavras.

Meu avô, o sapateiro, tem uma perna a menos. No armá-
rio ele guardava os sapatos esquerdos. Ele os colecionou
como quem guarda um tesouro antigo. Conservo poucas
impressões: a cortina de flores que substituía uma porta,
minha avó desvestindo-o, o barulho da ducha, a chaleira
fervendo em uma cozinha sem janelas. O escuro, a umi-
dade. A falta de corpo, meu avô conseguiu uma prótese. O
ritmo irregular de seus passos é algo que não se esquece,
o eco vazio de uma perna. E seu silêncio inquebrável, seu
mutismo diante de qualquer pedido, diante de qualquer
afeto. Morreu discreto em sua cama, alheio às palavras.

O som do vinho ingressando em uma taça.
Advertir seus passos na entrada da casa
e que o coração se inquiete.
O ritmo das vértebras
quando o corpo alonga.
O miado agudo de minha gata
cada vez que alguém se aproxima.
A quê soa meu nome, você me escreveu
e eu agora penso a que soa o seu.

Arruinar o silenciamento do mundo em sua totalidade. Arruinar a repressão que executa o nome próprio. Arruinar a impotência e o desastre do pensamento. Arruinar realidades que acabam fazendo amor.

Um ouvido se veda
ao contato com a água.
Desaparece uma língua.

Minha mãe tem uma ferramenta de metal do tamanho de sua mão. No extremo, as duas aspas, ao serem pressionadas, abrem um retângulo com paredes de cerras. É a jaula para a abelha rainha. Encontrá-la consiste em um ofício lento. Retirar cada favo, buscá-la pelo verso e pelo avesso, ir um a um até que o rosto de minha mãe se ilumine. Para ela, a rainha é a mais linda, e agradece sussurrando

o modo em que conserva tudo em ordem. É comprida e estreita, foi marcada com um ponto branco de pintura na altura do tórax, seu ferrão sem ponta, seu modo despreocupado de se mover, como as demais abelhas lhe abrem caminho e lhe deixam estar. A jaula parece um objeto medieval em miniatura. Capturá-la aí, fazê-la esperar enquanto se revisam as larvas, se reordenam os favos em função dos ovos, são necessários testes para confirmar que não há qualquer existência de pragas. Capturá-la aí para protegê-la enquanto segue jovem. Saber que a rainha será confinada uma última vez. Cada apicultor deve matar a sua abelha rainha e minha mãe sustenta esse destino incômodo. Dessa maneira, se conserva a ordem que ela mesma se encarregou de estruturar em sua juventude. Minha mãe agarra a jaula pela última vez, a última vez dessa rainha. Ela a apanha, a imerge no álcool e espera, deixando que se apague. Um breve temblor, minha mãe chora sentada na grama. O gato não emana nenhum som. Deixou de respirar. Minha mãe. A rainha.

O mutismo insofrível
diante do pedido de uma linguagem comum.
Seu modo de gaguejar
quando se sente cercada.
Minha própria gagueira que apareceu na tristeza
e me fez imprópria.
Todo som, em cada som, a reserva de sua voz.

Pensar no fracasso de toda presença. Pensar em seguir a estrada à escuridão. Pensar em ter medo do medo. Pensar no que não pode ser próprio. Pensar no que vem até mim. Pensar que só mediante outra linguagem isto é possível.

O apego pela língua materna, me diz. E novamente o vime se estala contra si. Enfatiza essa palavra, "materna". Ela diz inclusive separando por sílabas. Essa incapacidade de falar outra língua, como minha boca resiste e insiste em sua tendência ao espanhol. Minha mãe nunca pode aprender outro idioma. Tem um só modo de falar. Quando eu era pequena, costumava imitá-la. Ela trabalhava em seu jardim e eu atava cada pequeno arbusto ao arbusto ao lado que, já maduro, podia tolerar a fragilidade com que os tocava. Me mantenho nos braços de minha mãe, que cheira a bergamota e lavanda.

Estar preso ao redor de um corpo
que não tem companheiro.
Na paisagem cercada de uma mão
desaparece uma língua.

Ler uma carta de amor que se escreve na escuridão. Ler: quando digo "meu amor", nomeio você ou ao que em mim ama você? Ler: em todos os pontos onde não haja nada escrito, leia que a amo. Ler a desativação do indício nostálgico do desejo.

Auscultar o corpo doente
que por doença escreve.
Um livro tomba na prateleira
aos meus cinco anos
na ponta dos pés
tento alcançá-lo. O crepitar do sal na água fervendo.
Buscar cacofonias em poemas
que desejamos que tivéssemos escrito.
A cadência do corpo de minha mãe
me abraçando na água.

Arrulham lá fora as pombas, e eu, por ouvi-las, sou incapaz. Ou então ele que é incapaz de se sobrepor a esses ruídos que entram na sala desde o quintal. "Simplificar as coisas não é o melhor modo de obtê-las", e respira silencioso, mas atordoado. Cada palavra cai lentamente, ele as deposita sacando-as do paladar e levando-as até a mesa, com o cuidado de um cirurgião. Diz "relambório" a cada tanto e me pergunto como é possível que diga isso, "relambório". Aguçar o ouvido talvez não seja o melhor modo de entender, retenho frases, palavras, enunciados breves em meu caderno, anoto como quem escreve, e o que é escrever se não anotar com o dedo uma ínfima desaparição. "Tomara que eu abra os olhos antes, antes de que tudo aconteça, porque a partir do momento em que os abra, sou mortal", afirma em sua própria mortalidade que vibra. Tem essa tendência a elevar suavemente a per-

40 \ 41

na, como se estivesse pedalando no ar, eleva o corpo de algum modo, e baixa a voz. Entre a calça e o sapato se nota uma meia de linhas horizontais. "Vamos ao ponto, se é que ele existe." Quando termina a primeira pedalada e retorna o pé sobre o piso de cerâmica, um som quase imperceptível surge. Depois retoma o procedimento com a perna oposta. Seu ruído interior se sobrepõe ao exterior. Agarra a garrafa de água em diversos momentos, mas nunca bebe: nunca termina de abri-la, desenrosca e volta a enroscá-la e a fecha. Fala de Hölderlin e eu escrevo. Meu ouvido retém as palavras que escolhe para nomear cada coisa, me aferro a elas, sobrevoam minha cabeça como abelhas ou borboletas. Não me resisto a incompreensão em absoluto. Também me elevo ou nado, não sei. O que será compreender. Na autópsia a Hölderlin, é precisa e bela a descrição sobre como estava acomodado seu cérebro, uma cavidade acumulada de água pressionava o tecido cerebral. Foi a causa da loucura: uma lagoa, um manancial. "A origem que impulsiona todos os rios", disse, e ele mesmo se torna, de repente, liquidez. Pensamentos impensados embalam o ouvido. Pensa no corpo também que estremece. Em nossas insignificantes mortalidades falamos e escrevemos. Em nossos rios inquietos ouvimos.

Um rosto diz sobre sua opacidade.
O ouvido deseja palavras que outros extraviaram.
Remando rio abaixo, aprender um vocábulo
para nomear coisas que existiam antes de respirar.
Cobre as mãos calejadas do trabalho

42 \ 43

abriga a água
rebrota o sal.
Cintila o animal e não se consola.
Desaparece uma língua.

Arruinar a vida para vivê-la. Arruinar a língua que se expressa a si mesma. Arruinar a dignidade de dar conta do efêmero. Arruinar a arte de citar sem aspas. Arruinar o morto apoderando-se do vivo. Arruinar uma arte sem distância. Arruinar o devir pétreo do pensamento. Arruinar um texto que depende de imagens. Arruinar um umbral, esse lugar de trânsito.

O tom de voz de mulher costuma me parecer familiar. Ouço gravações de poemas em inglês e uma vibração gutural nos homens me afasta. Um calafrio na garupa do pescoço. Uma distância. Escolhi minha psicanalista por isso, e ela sabe disso. Eu a escolhi pela proximidade de sua voz. Sentada no quintal posso ouvir os minúsculos zumbidos das abelhas em pleno labor. Minha mãe cantarola uma canção mesmo sem conhecer a letra. Ela a recheia sem pressa. Estreito essa intimidade. Imagino as colônias de formigas sob meus pés. Faz frio e os zangões serão expulsos. Essa voz, a de minha analista, a de minha mãe, o zumbido da rainha, estimo. Conheço como vibram, oscilam e ingressam na matéria. Faz frio e os homens serão expulsos. Arrancados pela raiz. Como um corpo que não necessita de seus órgãos.

Me sentar e ouvir o mar
aos seis
aos quinze
aos vinte e quatro
aos trinta.
A casa que ecoava inteira
com os passos
com a chuva
com o vento
com os fantasmas.
O oceano da linguagem
que abre o corpo e o estremece.
O pranto de minha mãe no quarto ao lado
sua estridência.
Sua voz
minha voz
enunciando os nomes que amamos.
Ouço o clamor do corpo à contracorrente.
A memória da escuta
que o ouvido estima
e que vibra e vibra
na infinita matéria.

Uma história ata os elementos
a seu modo de nomear.
A mãe pede à filha para guardar o próprio.
Relembra o conto de um lobo
que comparece sem saber em seu próprio sacrifício.

46 \ 47

As mãos racham e sangram,
trançam uma cesta do tamanho da palma.
Como se compõem os materiais.
Desaparece uma língua.

Ler com o corpo violentado. Ler e desmontar a lógica da propriedade. Ler quando somos reivindicados pelas palavras. Ler exercendo meu direito de ler e que o texto seja novo a cada leitura.

A abelha rainha desova na primavera. Rodeada de milhares de semelhantes inférteis, toda reprodução depende dela. E ela sabe. Minha mãe também sabe. Com a jaula na mão e a dama real dentro, ela aproxima o retângulo metálico de seu rosto. Minha mãe, profundamente míope, alça a jaula para vê-la sob a luz. E fica aí, em seu silêncio enquanto os zangões, ruidosos e inofensivos, desfilam em sua caça. "Aqui está você", ela lhe diz. A rainha examina minha mãe com seus milhares de olhos, e minha mãe a enxerga com seus olhos cansados que brilham. Os zangões nascem de ovos não fecundados: não precisam de outro macho para nascer, me explica minha mãe. Mas fecundam a rainha para produzir obreiras inférteis que os alimentam, coletam pólen, limpam os favos, constroem realeiras, custodiam a entrada da colmeia para que não ingressem abelhas estrangeiras ou vespas. Copulam no ar e caem juntos ao pasto. Ela viva, ele morto: o zangão mais forte consegue fecundar a rainha no ato, e no mesmo ato

48 \ 49

que se desprendem seus genitais, ele cai à deriva. Quando avança o outono e se escassa o alimento, as obreiras expulsam aos zangões da colmeia. Elas os deixam morrer de fome ou de frio. Se desfazem de todos os homens, os insensíveis, os torpes incompetentes, os bárbaros. No entanto, lá dentro, na escuridão dos favos, ovos e larvas já são uma latência: nas células maiores, uma nova horda de machos espera nascer.

Ouvir a relação entre coisas que não têm nenhuma relação. Ouvir a vigília. Ouvir: estar dentro da linguagem antes que em qualquer outra coisa. Ouvir um clamor intensivo. Ouvir alguém construindo a si mesmo no infinito e ao instante. Ouvir o lugar bestial.

E se reivindicássemos o direito de dizer tudo?

Agradecimentos
A Sebastián Herrera Gajardo e Nicolás Labarca,
que possibilitam a escritura e a amizade.

© Moinhos, 2021.
© Ellen Maria Vasconcellos, 2021.
© Julieta Marchant, 2017.

Edição: Camila Araujo & Nathan Matos
Assistente Editorial: Karol Guerra
Tradução: Ellen Maria Vasconcellos
Revisão: Ana Kércia Falconeri
Capa: Sergio Ricardo
Projeto Gráfico e Diagramação: Luís Otávio Ferreira

Nesta edição, respeitou-se o Novo Acordo Ortográfico da Língua Portuguesa.

Dados Internacionais de Catalogação na Publicação (CIP) de acordo com ISBD
M315r
Marchant, Julieta
Reclamar o direito de dizer tudo / Julieta Marchant ; traduzido por Ellen Maria Vasconcellos. - Belo Horizonte : Moinhos, 2021.
56 p. ; 14cm x 21cm.
Tradução de: reclamar el derecho a decirlo todo
ISBN: 978-65-5681-093-5
1. Literatura chilena. 2. Poesia. I. Vasconcellos, Ellen Maria. II. Título.
2021-1181   CDD 869.99331   CDU 821.134.2(83)-1

Todos os direitos desta edição reservados à Editora Moinhos
www.editoramoinhos.com.br
contato@editoramoinhos.com.br
Facebook.com/EditoraMoinhos
Twitter.com/EditoraMoinhos
Instagram.com/EditoraMoinhos

Este livro foi composto em Fairfield no papel Pólen Bold, para a Editora Moinhos, enquanto Elizeth Cardoso cantava *Outra Vez*.

*

A vacinação avançava lenta no Brasil, um remédio contra Alzheimer surgia e o mundo revia sua opinião quanto à existência de OVNIs.

Este livro foi composto, em setembro de 2016, enquanto Paulinho da Viola tocava *Dança da solidão*, em tipologia Meridien, no papel pólen bold, pela gráfica Bartira, para a Editora Moinhos.